BITCOIN PARA MUJERES

M. Del Mar

©BITCOIN PARA MUJERES

©M. Del Mar

Imágenes y portada de Canva.

Todos los derechos reservados, 2021.

Queda prohibido la reproducción total o parcial de esta guía, por el medio que fuere, sin los debidos permisos de sus autores. Este libro está protegido por las leyes internacionales del copyright.

A quienes dieron su opinión para la creación de esta guía:

Guisell, Juliana, Andrés y Amanda García.

INTRODUCCIÓN

El interés por las criptomonedas se ha disparado en los últimos meses, llevando el precio del Bitcoin a un máximo histórico por encima de los 62.000 dólares en abril de 2021. Esto hizo que también se haya incrementado el número de mujeres inversoras en criptoactivos, creando con ello la formación sustancial y participación más destacada del género femenino en el mercado de dinero virtual.

Aunque esto es un gran avance, continúa siendo un piso muy bajo en comparación a la intervención de los hombres en el mercado cripto. De forma importante, en términos globales, la contribución de las mujeres en inversiones de Bitcoin y otras monedas virtuales, ha ido en aumento desde el comienzo de la pandemia; marcando una tendencia en la que se destacan los países de Europa y América latina, en especial Argentina, Venezuela y Colombia.

El crecimiento en la participación y utilización de Bitcoin y otras criptomonedas por parte de las mujeres, es una muestra grande de mayor autonomía y empoderamiento para acceder a los mercados no tradicionales, imprimiendo un paso importante relacionado con el rompimiento de los paradigmas donde se estigmatiza la colaboración femenina en el mundo de los negocios.

Para nadie es un secreto que las mujeres han sido relegadas de las finanzas; muestra de ello, hoy día son muy pocas las que se desempeñan profesionalmente en cargos relevantes como la presidencia de una empresa, ministerios de hacienda o ejecutivas de alto nivel. Aunque las hay, no deja de ser impresionante el pequeño porcentaje de féminas conquistando estos altos puestos: pues tan solo es del 14.3% en comparación al resto de participación ocupado por hombres en organizaciones a nivel mundial.

Por lo tanto, el hecho de que la mujer esté ingresando con mayor contribución en el mundo de los negocios criptoactivos, significa que se está acabando con este mito. Las mujeres también pueden obtener éxito financiero, reducir la dependencia de los hombres y combatir la violencia económica con mayor seguridad.

Pero ¿qué significa que no haya tanta participación femenina en el mundo de criptoactivos? Acaso ¿son los hombres más proclives que las mujeres a realizar inversiones de alto riesgo? Algunos expertos creen que sí. Las mujeres tienen un grado más agudo de mesura que les hace pensar dos veces antes de tomar decisiones tan relevantes. Según los estudios, han relacionado el comportamiento irracional de las burbujas financieras con la actitud de los hombres para invertir, atraídos por la adrenalina que produce el soñar con las millonarias ganancias que se pueden obtener en poco tiempo.

Esto no quiere decir, de ningún modo, que los hombres sean más irresponsables que las mujeres, es tan solo el llamado natural por sentir la experiencia de nuevas expectativas. De cierta forma, la volatilidad de las monedas virtuales es como un grito a "la batalla".

Según esta teoría, los hombres están más dispuestos a arriesgarse por el impulso de la testosterona que se genera en el cuerpo cuando se hace una inversión exitosa.

Por ello es por lo que el mercado de Bitcoin y Altcoins está dominado por inversores masculinos, de manera especial, por jóvenes entre 20 y 27 años.

Sin embargo, ya hemos dicho que en los últimos meses las mujeres están ingresando con mayor fuerza participativa en el mercado cripto. La euforia delirante por tomar riesgos hace que sea mínimo el peligro a perder el dinero invertido. De todas formas, la máxima felicidad está en la ganancia, no solo económica, que se puede lograr.

Entonces, como te has dado cuenta, el mundo está viviendo una verdadera disrupción entre la manera tradicional de hacer negocios y ganar dinero y lo que viene en un futuro próximo. El Bitcoin y las otras criptomonedas son el mecanismo perfecto que por años hemos añorado, algunos para medir las fuerzas como inversores, otros para encontrar una oportunidad de obtener un ingreso alternativo o en definitiva como una opción de trabajo.

Es a través de las inversiones en Bitcoin que muchas de las mujeres están logrando ahora un segundo ingreso, un sueldo mensual y hasta sueñan con una pensión real y la independencia económica.

¿Cómo lo hacen? Preparándose para ello y tomando acción. No es difícil si se cuenta con la información exacta, el impulso de querer dar un paso mayor en la vida y una actitud de ganadora.

Como expectativa, en este libro hemos querido plasmar, desde la experiencia de mujeres inversoras en criptoactivos, la información más importante para que cualquiera aprenda y entienda los conceptos básicos de las criptomonedas, y además:

- Analice las posturas básicas de inversión.
- Entienda ¿por qué Bitcoin?
- El significado y valor de Bitcoin y las principales criptos.
- Conozca cómo, dónde y cuándo comprar y vender Bitcoins.
- Dónde guardar las criptomonedas.
- Cómo empezar en el mundo del trading.
- La forma exacta para convertir los criptoactivos en dinero Fiat.

- Qué es un Exchange y su función.
- En cuáles criptomonedas debe invertir en 2021.
- Los riesgos del dinero virtual.
- Todo sobre impuestos y fiscalidad de criptoactivos.
- Seguridad del Bitcoin y criptomonedas.
- ¿Es momento de invertir en dinero virtual?

En esta guía de criptomonedas las mujeres inversoras podrán encontrar información exacta y confiable para ingresar en el mundo de los negocios por internet, además tendrán a la mano definiciones y conocimientos puntuales de cómo y cuándo hacerlo sin tomar mayores riesgos.

En **BITCOIN PARA MUJERES** está definido un ecosistema de información tan grande y bueno que te hará tomar una rápida decisión y, desde luego, atreverte a hacer parte activa del negocio más rentable en los últimos tiempos: **el negocio de las criptomonedas.**

¡Bienvenidas!

BITCOIN PARA MUJERES

Aunque las palabras Bitcoin, Dogecoin, Internet, redes, nodos, Blockchain, etc. parecen ser de dominio público, lo cierto es que para muchas personas resultan ser totalmente desconocidas. Lo primero que podemos hacer para nivelar estos conocimientos es repasar de forma atenta el siguiente vocabulario, muy relevante para el aprendizaje del universo del dinero virtual y los criptoactivos.

TERMINOLOGÍA NECESARIA

- **ALTCOINS:** este es el nombre con el que se conoce a toda criptomoneda que no sea **el Bitcoin.**
- **ALGORITMO:** conjunto de normas para resolver un problema, sea matemático o no.
- **ARBITRAGE:** es el proceso de comprar criptomonedas a un bajo precio en un Exchange y venderlas en otro Exchange a un precio superior.
- **AIRDROP:** consiste en el reparto gratuito de criptomonedas entre usuarios que cumplen ciertos requisitos; por ejemplo: todos los que respondan una encuesta específica.
- **BALLENA:** es una persona o un grupo de personas que poseen grandes cantidades de criptomonedas y manejan el mercado a su antojo.
- **BINANCE:** es una casa de cambios (virtual) que sirve para comprar, vender e intercambiar Bitcoin y Altcoins.
- **BITCOIN:** es la primera criptomoneda aceptada para el ejercicio bursátil. En la actualidad es la que

tiene el mayor valor comercial superando los 62.000 dólares americanos.

- **BLOCKCHAIN:** es la tecnología sobre la cual funciona el Bitcoin y las demás criptomonedas. Consiste en una cadena de bloques que guarda registros ordenados y muy seguros, totalmente descentralizados.

- **BULL RUN:** periodo de tiempo donde todas las criptomonedas (o por lo menos las de mayor aceptación) aumentan de valor.

- **CLAVE PÚBLICA:** es la parte de nuestra contraseña de cuenta que se utiliza para que otra persona nos pueda enviar criptomonedas.

- **COINBASE:** esta es una casa de cambio de criptomonedas, se utiliza generalmente para Estados Unidos y Europa.

- **COMISIÓN DE RED:** es el valor que paga el usuario al realizar una transacción.

- **CRIPTOMONEDA:** activo monetario que utiliza tecnología descentralizada, permitiendo transferencia y reserva de valor.

- **DIRECCIÓN BITCOIN:** es la clave publica para recibir y mostrar como si fuese tu número de cuenta.

- **EXCHANGE:** casa de intercambio virtual que permite obtener criptomonedas por dinero o comerciarlas entre sí.

- **FAUCET:** sitio web donde dan una fracción de criptomoneda a cambio de alguna tarea realizada.

- **HALVING:** es el reajuste automático para reducir a la mitad la recompensa de los mineros en la tecnología Blockchain; sucede cada cuatro años en Bitcoin.

- **HOLD:** acción de conservar (guardar) por un buen tiempo las criptomonedas.

- **MINAR:** consiste en resolver un problema matemático en la tecnología Blockchain para dar seguridad y poner en circulación más criptomonedas; al minero que lo resuelva se le da gran recompensa.

- **SATOSHI:** es la mínima unidad en la que se puede dividir un Bitcoin; equivale a 0,00000001 BT.

- **TRADING:** intercambio de monedas en tiempo real con el fin de obtener un beneficio.
- **WALLET:** es un monedero digital que permite guardar las criptomonedas, sin necesidad de recurrir a un tercero.

Con la anterior información ya podemos empezar de forma segura en este mundillo del dinero virtual: en el universo de las criptomonedas, especialmente del **BITCOIN**. Y, es que esta no es otra cosa diferente a una representación nueva de dinero, un tanto disímil a lo que hasta el momento hemos conocido, pero muy interesante en la manera que se presenta y el servicio que ofrece.

Las criptomonedas, en especial el Bitcoin, es una apuesta económica "nueva" que gana adopción en los inversores de una manera rápida y segura frente al tradicional mercado. Este tipo de dinero es **descentralizado:** significa que el gobierno ni un ente particular lo rigen; solamente los poseedores habilitan y efectúan las reglas. Por esta razón es que los regímenes del mundo son reacios en la aceptación del Bitcoin y las Altcoins, pues ellos no pueden tener el control e imponerse con comisiones y reglas inflacionarias.

En realidad, la manera más sencilla de definir a las criptomonedas es diciendo que ellas son dineros digitales, creadas para comerciar de forma virtual y donde no se necesita de un intermediario que dé o no permiso. En este sistema no hay monedas ni billetes físicos; como poseedora de Bitcoin o cualquier criptomoneda, puedes realizar las transacciones que desees, pero tan solo vas a tener representaciones gráficas hasta el momento exacto en que quieras cambiarlas por dinero Fiat; es decir, por dinero de tu respectivo país.

Por ejemplo: no existe una moneda ni un billete equivalente a un cuarto o medio Bitcoin, tan solo se tiene la representación de ese valor soportado en la paridad de la tecnología Blockchain.

Con las criptomonedas la usuaria puede vender, comprar, intercambiar de manera virtual, pues hoy en día son aceptadas en muchos mercados, ya que se han convertido en un método de pago normal. Sin embargo, muchos comercios aún no las admiten pues no tienen carácter tangible y sufren de un altísimo grado de volatilidad; es decir: cambian de precio de un momento a otro.

A la fecha hay más de siete mil criptomonedas a nivel mundial. Algunas de ellas son de gran aceptación y otras no han logrado rebasar la meta para la que fueron creadas.

Estas son algunas Altcoins que tienen relevancia en el actual mercado y con las que se puede comercializar para obtener excelentes dividendos, pues se ha comprobado que muchas han logrado crecer hasta el 4000% en pocos días.

PRINCIPALES ALTCOINS

- **ETHER:** fue creada en 2015 y está soportada en la plataforma Ethereum. Es similar al Bitcoin, pero difiere en que no tiene un límite de minado, es decir, pueden salir al mercado todas las que se requieran. En la actualidad (abril de 2021) un ETH equivale a 2689 Dólares americanos.

- **BINANCE COIN:** es la criptomoneda de la Exchange. De gran acogida entre los poseedores de mercado criptográfico ya que brinda seguridad en todos los momentos, ha tenido un crecimiento muy bueno en los últimos meses y a la fecha su precio supera los 527 dólares.

- **LITECOIN:** es la segunda en aparecer en el sistema de criptomonedas. Fue lanzada en 2011 como una alternativa al Bitcoin. Hoy en día un Litecoin equivale a 280, 67 dólares.

- **CARDANO:** es considerada una criptomoneda de tercera generación; lanzada al mercado en 2017 y conocida con el nombre de **ADA**: en honor a su fundadora. En la actualidad un ADA equivale a 1,27 dólares.
- **RIPPLE:** conocida en el mercado con las siglas **XRP.** Esta criptomoneda se lanzó en el año 2021 y desde entonces ha sido una de las de mayor aceptación por su facilidad de adquisición. Para la fecha, un XRP equivale a 1,29 dólares.

- **NEO:** es una de las criptos con capitalización bursátil de mayor atractivo. Busca transformar las plataformas económicas existentes y actualmente equivale un NEO a 93, 56 dólares.

Las anteriores criptos y otras tantas se pueden tener en cuenta para empezar a negociar en el mercado del dinero virtual. Para nuestro interés, sus nombres y lo que equivalen en dólares es apenas un abrebocas para el verdadero negocio que se puede realizar con ellas y las ganancias generosas que podemos llegar a obtener si se trabajan con lógica y disciplina.

Por ahora dejemos en reposo el tema general de las criptomonedas y adentrémonos en el tema vital de este libro; la principal criptomoneda: **EL BITCOIN.**

CÓMO EMPEZAR

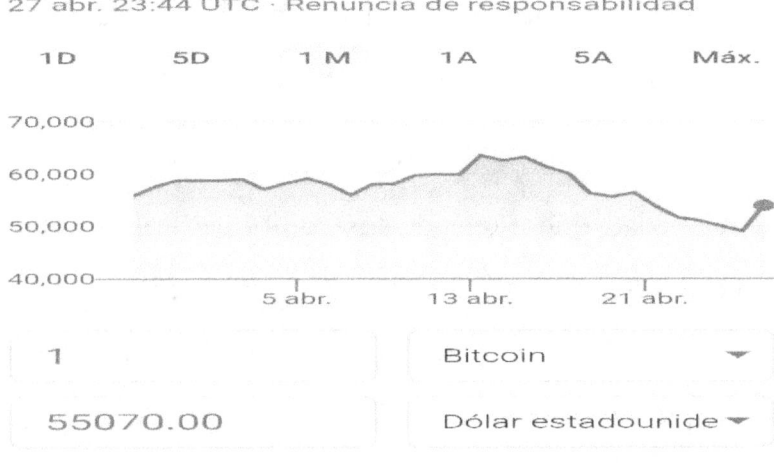

Para comenzar a obtener resultados invirtiendo en Bitcoin debemos tener en cuenta que necesitaremos de un buen equipo. Puede ser un computador o un teléfono inteligente. No tiene que ser de última generación, pero sí que soporte algunas de las nuevas tecnologías. Es importantísimo que comprendas desde ya que necesitas de estos equipos y una red o conexión a ella. De ninguna manera, es aconsejable compartir aparatos con más personas como es el caso de las salas de internet, pues los datos pueden quedar expuestos y ser presa fácil de los delincuentes. Recuerda que el dinero virtual (Bitcoin o criptomonedas) funcionan como dinero al portador y no existen leyes que amparen su pérdida. En caso de fraude no es mucho lo que puedas hacer para recuperarlo.

Antes de empezar, para un momento y revisa la seguridad que tienes en los equipos a utilizar. Repasa el conocimiento adquirido y de ser necesario, da una segunda y tercera vuelta hasta estar totalmente segura de lo que vas a realizar.

¿QUÉ ES EL BITCOIN Y PARA QUÉ SIRVE?

En 2008 la crisis económica mundial tocó a todo la gente del planeta, incluidas las superpotencias económicas como Estados Unidos. El desastre le correspondió a todo el mundo y las monedas perdieron su valor.

Como resultado aparecieron muchos cambios. En 2009 se conoció el nombre de Satoshi Nakamoto (aún no se sabe si es una persona o un grupo) y crea la primera criptomoneda bautizada con el nombre de **Bitcoin.** Esta fue realizada con el ánimo de que existiera una forma de pago que se pudiera utilizar internacionalmente sin ningún gobierno o entidad financiera que lo controlara y se aprovechara de los beneficios.

Desde el inicio de Bitcoin (año 2011) fue basado en la confianza de tener un nuevo sistema donde cualquier persona pudiera obtener beneficio sin necesidad de recurrir a un tercero. Pero no todo fue color de rosa, pues la gente no creía en este mercado nuevo, en el dinero virtual, y esto condujo a que fueran amargos sus comienzos.

El Bitcoin empezó su valor real tasado en un dólar americano: esto quiere decir que en el año 2011 un Bitcoin valía la módica suma de un dólar, hoy en día ese mismo Bitcoin vale más de 62.000 dólares.

¿Recuerda en qué gastabas hace diez años, un dólar? Tal vez en un lápiz delineador de ojos, o en un refresco, un pintalabios o algo así; detente un momento y piensa en las personas que compraron 100 o más Bitcoins a precio de 1 dólar. ¿Qué estarán haciendo hoy? Seguramente disfrutando de esa pequeña inversión.

Bueno, pues el Bitcoin no ha parado de crecer en valor desde ese momento; aunque también hay que decir que ha tenido sus caídas en precio, pero en general ha superado con grandes expectativas lo planeado. Ni siquiera los mayores defensores de la criptomoneda esperaban que llegara a subir de precio de la manera como lo ha hecho.

A la fecha muchas personas se lamentan de no haber comprado Bitcoin cuando estaba "barato". Otros dicen que ha sido la peor inversión de sus vidas, pero ojo aquí: los que han perdido invirtiendo en Bitcoin no ha sido por causa directa de la criptomoneda, pues en ningún momento ella se ha comportado de tal forma que lleve a la pérdida a sus poseedores. No, ha sido más bien por la falta de conocimiento, por sentimientos de inestabilidad o codicia y en especial por la poca disciplina y paciencia para operar la criptomoneda.

He aquí las principales causas por las cuales las personas han perdido invirtiendo en Bitcoin y por favor, aprópiate de ellas y evita las pérdidas.

- Invertir dinero que no es propio o que se requiere a corto plazo.

- Permitir la intervención de una tercera persona. (Los llamados "asesores y expertos").
- No guardar con total seguridad las claves y datos de la cuenta.
- Hacer transacciones sin conocer la criptodivisa.
- Operar en trading sin previos conocimientos.
- Dejarse llevar por la desesperación, de manera especial cuando existe la caída en el precio.
- No estar actualizado en el tema criptoactivo.
- Tomar apalancamientos guiándose por la especulación.
- Ingresar a sistemas piramidales moviéndose por el sentimiento de la codicia.
- Cambiar las criptomonedas a dinero Fiat sin conocer de antemano los costos de transacción.

Generalmente estos parecen ser errores de inversionistas principiantes, pero no lo son, ya que hay momentos en que sentimos la necesidad de ganar más e incurrimos por ejemplo en puntos como el ingreso a un sistema piramidal, donde ofrecen quintuplicar lo invertido, y entonces entregamos nuestros fondos, exponiéndolos.

Amiga lectora: recuerda siempre que una transacción en Bitcoin u otra criptomoneda no tiene reversa. Es decir:

Si compraste un televisor de 500 dólares a una tienda y te llega en mal estado, te arrepientes de comprarlo o no es enviado a tu dirección, puedes reclamar y el banco o la tienda te reembolsan el dinero, sin embargo, con las criptomonedas es diferente, pues no hay forma de que te las reintegren. La única manera de que esto suceda es que la persona con la que hayas ejecutado la transacción sea tan correcta o conocida, y de nuevo coloque tus criptos a la billetera o Wallet de tu propiedad.

Por esto, aunque el Bitcoin sirve para comprar, ganar y ahorrar, hay que ser muy claro con quien se hace la transacción y la forma en que se lleva a cabo dicha operación mercantil. En la red siempre están las personas que conocen de la vulnerabilidad de los sistemas, y por más que la tecnología sobre la que se ha creado la criptodivisa, sea tan buena, buscan la manera de encontrarnos un fallo y por ahí penetrar a nuestros fondos. Entonces, un punto relevante para tener en cuenta cuando se invierte en dinero virtual es la seguridad: **desconfiar hasta del más mínimo detalle.**

En resumen, el Bitcoin es la principal moneda virtual que hasta el momento ha generado riqueza a miles de personas en todo el mundo. Ella sirve para comprar, vender e intercambiar a través de plataformas o comercios que la acepten. Se ha designado, desde su creación, que tan solo pueden existir en el mercado 21 millones de Bitcoins, y ya se han minado (están en poder de los usuarios) algo más de 19 millones. Por lo tanto, quedan menos de 2 millones y el último de ellos va a ser minado en el año 2140.

Aún queda mucho tiempo para que esto suceda, pero en realidad, cada día es menor la cantidad que circula (la mayoría de los poseedores las guarda) y es mayor el interés por poseerlos, entonces esto hace que aumente su valor.

Bitcoin es una forma excelente para invertir, generar ingresos y como refugio de valor. No obstante, hay características específicas que hacen real esta posibilidad. No se necesita de ser un genio para participar en tal forma de negocio, pero sí de conocer con claridad las maneras más plausibles de realizar dichas transacciones económicas.

Esta criptomoneda es demasiado volátil, lo cual la deja en una posición de sumo cuidado; **baja o sube de precio en minutos**. Esto no quiere decir que por eso vaya a perder lo invertido, lo que significa es que dependiendo de lo que se haga con ella, o puedes ganar o puedes perder.

En el capítulo siguiente vamos a especificar cada manera de ganar dinero con Bitcoin y las Altcoins; por ahora, centrémonos en conocer la forma de obtener las criptomonedas y lo que necesitamos hacer antes de comenzar a operar.

MANERAS DE CONSEGUIR BITCOINS Y ALTCOINS

- **MINANDO:** esta es la forma más cara de conseguirlas, pues se requiere de equipos sofisticados para realizar dicha tarea o de encontrar buenos grupos y unirse a ellos. De todas formas, si tienes los recursos y las técnicas suficientes, esta puede ser la mejor experiencia para adquirir las criptomonedas.

- **FAUCET:** en internet existen páginas donde pagan fracciones de Bitcoin por realizar encuestas, resolver acertijos, mirar videos o dar opiniones sobre temas específicos. Aunque directamente no te ganes un Satoshi o fracción de Bitcoin, recuerda que dentro de las Exchanges las Altcoins se pueden intercambiar en la criptomoneda que desees y que esté permitido.

- **COMPRANDO EN CASA DE CAMBIO:** comprar Bitcoins es la manera más efectiva de poseerlos. **Seguramente te estarás preguntando: ¿De dónde voy a sacar 62.000 dólares para obtener uno, verdad?** Pues no es necesario comprar la unidad completa, se puede hacer dependiendo la capacidad adquisitiva de la usuaria. Tú puedes comprar desde 50 dólares en adelante, aunque lo más recomendado es iniciar con 100 dólares. **Algunas Exchanges permiten que sus usuarios realicen transacciones equivalentes en menor cantidad, incluso venden desde 10 dólares por transacción.** Las criptomonedas pueden ser compradas a personas de entera confianza o de manera segura en las casas de cambio como lo son Coinbase, Binance, Bitso, Buda, Banexcoin, Panda, Gemini.

- **PAGO POR SERVICIOS**: si lo que en definitiva deseas es tener Bitcoins o Criptomonedas sin usar tu dinero puedes ofrecer servicios en línea como redactor, corrector, maquetador, seo, o vender algún producto y pedir que te paguen en este tipo de dinero. Hoy en día hasta en las pizzerías permiten pagar con Bitcoin o criptos. Por lo tanto, lo único que necesitas es crear tu cuenta y tener lista la **dirección bitcoin** para que allí te transfieran el equivalente al pago.

- **GANARLAS DENTRO DE UNA EXCHANGE:** esta es una forma temporal de obtener algunos Satoshis. Por ejemplo, la plataforma Coinbase está dando a sus usuarios el equivalente a 20 Euros o Dólares por el hecho de abrir una cuenta ahí y contestar una serie de preguntas, también pagan un porcentaje pequeño por referir a otros y recomendarles utilizar sus servicios.

- **COMPRANDO EN CAJEROS ELECTRÓNICOS:** a la fecha existen cajeros electrónicos que permiten vender, comprar e intercambiar criptomonedas. No todas, pero están diseñados para realizar operaciones entre las principales como Bitcoin, Litecoin y Ethereum. La comisión que cobran por transacción suele estar entre el 5% y el 16%, por lo tanto, se recurre a este método si no existe otra alternativa.

Este tipo de cajero es exclusivo para dinero virtual y lo podrás encontrar en tu ciudad tan solo buscándolo en la red.

ABRIR CUENTA DE USUARIO EN UNA EXCHANGE

Dependiendo de la región en que habites, así mismo podrás crear tu cuenta de usuario e ingresar en el ecosistema criptográfico. Ten presente que para Europa la mejor casa de cambios es Coinbase, para México y Argentina es Bitso, para el resto de América Binance y Local bitcoins. Esta última funciona un poco diferente a las otras, pues dentro de sus características principales está la de fungir como garante, entre la parte que compra y la parte que vende las criptomonedas. Es decir, no permite finalizar el acto mercantil hasta que las dos partes estén conformes.

Todas ellas exigen aperturar la cuenta ingresando como referido o directamente, para ello vas a ir a tu explorador preferido de internet y buscas la dirección de la Exchange que prefieras.

En lo posible vas a colocar los datos reales, de manera especial querrás leer las condiciones (deberes, derechos y normas) que aparece en cada una. Como respaldo a la cuenta te van a pedir una identificación personal como número DNI, pasaporte, cédula de ciudadanía o licencia de conducción. Lo más importante, recuerda guardar en un lugar seguro la dirección de correo, claves y todo lo vulnerable o susceptible a sustracción.

Antes de realizar cualquier compra de Bitcoin o Altcoins, deberás asegurarte de que la cuenta esté verificada. Esto lo realiza la misma Exchange y en ocasiones puede tardar unos días para que suceda.

El siguiente paso es crear una billetera o monedero para guardar tus criptomonedas.

CÓMO OBTENER UNA WALLET O BILLETERA PARA CRIPTOMONEDAS

Hay una gama bastante amplia de monederos para guardar los criptoactivos. Lo principal que debes conocer es que no todos aceptan el total de criptomonedas, por eso, antes de hacerte a uno deberás informarte a fondo acerca de sus especificaciones, procedencias y usos.

Si creas tu cuenta en una Exchange como Binance, Coinbase o Bitso, dentro de ellas se encuentra este servicio, ten presente que si vas a guardar cantidades pequeñas esto te podrá servir para comenzar, tan solo es cuestión de activarlo, siguiendo los pasos que te indican dentro del sistema. Pero si vas a guardar buenas cantidades de criptoactivos, lo mejor es que crees un monedero aparte de la casa de cambios.

Para ello podrás recurrir a comprar uno físico; en el mercado se conocen con el nombre de Ledger, Trezor o Keepkey y su precio oscila entre los 80 y 300 dólares. Por este motivo es recomendable en caso de que tus inversiones sean de más de 1000 dólares, de lo contrario confía en el Exchange.

Lo más usual es utilizar un monedero de escritorio. Lo puedes encontrar en versiones para Windows, Mac y Linux y descargarlo como software a tu pc. Entre los monederos más usados están:

- Exodus
- Coinomi
- Electrum
- BitPay
- Jaxx
- Atomic Wallet
- Armony
- Copay

También puedes encontrar billeteras virtuales para celular como Xapo o Bitcoin.com; estas tienen la facilidad de que tendrás tu saldo en el móvil aun estando lejos de casa.

En realidad existen muchas opciones de monederos para guardar los Bitcoins y las criptos. Sin embargo, esto queda a elección de la usuaria, pues depende de la necesidad y cantidad de fondos para almacenar.

Para crear una billetera virtual necesitarás dar los mismos pasos que si aperturas una cuenta normal en línea: debes contar con un correo electrónico, una identificación personal válida, disponibilidad para realizar una fotografía en tiempo real (sin estar maquillada) y total disposición para crear y guardar la contraseña.

De aquí en adelante, ya contando con la cuenta en el Exchange y la Wallet, lo que sigue es dar el primer paso para invertir; decidir si vas con tu inversión a largo plazo, haciendo lo que se denomina **HOLD,** quieres trabajar en corto tiempo comprando y vendiendo Bitcoin **(esto se llama ARBITRAGE)** o te inclinas por mover a diario tus criptos para obtener ganancias **(esto es hacer TRADING)**.

FORMAS DE GANAR DINERO CON BITCOIN Y LAS ALTCOINS

En medio del furor de las criptomonedas hay mucha gente que no cree en ellas, y basan sus teorías en que tan solo es otro mercado estafa y una burbuja que no demora en estallar y dejar en la calle a más de una persona.

Aunque es muy respetable la opinión de los detractores, todos los análisis muestran un resultado diferente. En más de 10 años que lleva el Bitcoin en el mercado, siempre se han dicho teorías sobre que no es bueno y que no sirve. Pero los que creyeron en él desde el comienzo, saben que eso no es del todo cierto y que a la fecha son millonarios gracias a Bitcoin y otras criptos.

Mucha gente invierte en Bitcoin; ya sea especulando a corto plazo o invirtiendo por un largo tiempo: a futuro. Los que lo hacen de la primera forma creen bastante en sus habilidades para maniobrar con base en el ritmo de las bolsas de valores, quienes prefieren la segunda manera es porque creen que el Bitcoin aumentará su precio en lapso de meses o pocos años. Por lo tanto, veamos como trabajar con Bitcoin para obtener ganancias.

- **HACIENDO HOLD**

Holdear Bitcoin es obtenerlo (comprarlo o ganarlo) y dejarlo guardado por un tiempo en la Wallet hasta que su precio aumente. Cuando se ha logrado suficiente con esa inversión, se vende y se recogen las ganancias. En otras palabras, hold significa ahorrar.

Este método es el que han utilizado las personas que compraron en los anteriores 10 años. Algunos, los más creyentes, adquirieron cuando apenas 1 BT equivalía a un dólar, otros cuando valía 2000 dólares, muchos cuando el valor fue en aumento y logró el precio de 30.000 dólares. Todos ellos ya han ganado si mantuvieron en Hold esos fondos, pues hasta los últimos que compraron a 40.000 dólares han generado sus buenos dividendos.

Holdear Bitcoin es equivalente a desarrollar la extrema paciencia; pues en muchas ocasiones se está tentado a venderlo. De manera especial cuando vemos que el precio cae y creemos que podemos perderlo todo.

La experiencia muestra que un buen porcentaje de inversores, en 2015 y 2018, vendieron lo que tenían a precio irrisorio; pues con la caída sufrida por el Bitcoin en esos años, perdieron la fe en la criptomoneda y se apresuraron a salir de ellas. No obstante, en el siguiente año se recuperó un poco. Luego en 2019 y 2020 tuvo ciertos altibajos; aunque su tendencia fue siempre alcista.

En 2021 algunos hechos externos hicieron que Bitcoin tomara la suficiente fuerza y rompiera todo récord, llegando a valer más de 55.000 dólares, pero en pocos días, él mismo se superó y alcanzó una posición más alta, despuntando los 62.000 dólares.

Se espera que en próximos meses vuelva a romper al alza y supere los 100.000 dólares, los más positivos en el tema cripto aseguran que antes del 2025 un Bitcoin alcanzará el valor de 300.000 dólares, pues ocurrirá unos meses después del próximo Halving.

Atendiendo a estas premisas, para holdear Bitcoin lleva una serie de compromisos que debemos cumplir si el objetivo es lograr excelentes dividendos:

- Fijarse un plazo largo para recoger ganancias.
- No usar para la inversión dinero ajeno o destinado para cubrir eventualidades.
- Tener la confianza suficiente en la criptomoneda para aguantar la volatilidad. (Si el precio baja durante el plazo que nos fijamos no debe preocuparnos).
- No creer en falsos especuladores del mercado.
- Estar conscientes del momento exacto en que debemos retirarnos o recoger las ganancias.
- Mantener una estado mental positivo.

Futura inversora: el mejor momento para comprar Bitcoin o Altcoins es cuando la moneda esté a la baja. Ya no podemos esperar a que un Bitcoin regrese su valor a lo que fue hace 10 años, pero hay momentos en que su volatilidad es de corrección de precio fuerte, y baja en miles de dólares. En ese instante, cuando **esté a la baja**, es el mejor tiempo para adquirirlos.

Ten en cuenta que el plazo asignado para holdear no debe ser camisa de fuerza. Hay que darle flexibilidad porque puede que una subida de precio sea tan drástica que podamos recoger ganancias sin necesidad de esperar muchos meses.

Por ejemplo: una de las mujeres inversoras en criptomonedas y colaboradora para este libro, adquirió en marzo de 2020, 3 Bitcoins. lL llegada de la pandemia había afectado el precio llevándolo a menos de 5.000 dólares, no obstante, se recuperó en pocos meses. Ella había decidido un plazo de 2 años para recoger ganancias, pero el Bull Run acaecido en febrero de 2021 le llevaron a tomar sus fondos de inversión y vender gran parte de lo adquirido.

Para holdear criptomonedas no hay que desesperarse, sin embargo, tampoco podemos ceñirnos a un patrón definido, pues si tenemos la oportunidad de generar fondos hay que aprovechar el momento y tomarlos.

- **HACIENDO ARBITRAGE**

Recordemos que este sistema es comprar cierta cantidad de Bitcoin en una Exchange, cuando esté a la baja, y venderla en otra Exchange cuando el precio esté al alza o en el momento que exista la posibilidad de ganar.

Generalmente las casas de cambio no cobran comisión cuando se compra la criptomoneda, pero si lo hacen al momento de vender. Esto significa que tenemos que realizar una proyección comparativa de precios entre lo que compramos y vendemos para conocer la cantidad exacta de ganancia; de lo contario, tomamos el riesgo de perder dinero.

Otro punto para tener en cuenta es la cantidad de fondos a invertir. Debe hacerse con algo más de 100 dólares, pues de lo contrario no es mucho lo que se pueda generar por transacción; al no ser que podamos esperar una buena subida de precio y vender: esto puede suceder en horas o tardar días.

La volatilidad de las criptomonedas permiten que se pueda comprar y vender obteniendo dividendos, pero hay que estudiar el momento más indicado para realizar la transacción y de manera especial tener cuidado al instante de vender.

Si vas a vender criptomonedas fuera de las Exchanges, procura utilizar como forma de pago las transacciones que provengan de cuentas bancarias débito (de ahorros). Métodos como pago con tarjeta de crédito o por plataformas como PayPal, pueden no ser la mejor opción. Recuerda que estos desembolsos consiguen tener retroceso si el usuario se opone, a cambio, después de que se entreguen las criptomonedas no hay mucho por hacer, **la transacción de criptoactivos no tiene retroceso.**

Verifica primero que la persona compradora te ha enviado el dinero Fiat y en ese momento puedes entregar el equivalente en criptomonedas, utiliza los chats para comunicarte y hacer un buen uso del ejercicio mercantil.

Este sistema de generar dividendos con Bitcoin también requiere de cierto tiempo; aunque a diferencia del primer método, no es muy larga la espera. También es para quienes puedan estar frente al computador por algunas horas diarias, pues se requiere de vigilar la subida y caída de los precios.

- **HACIENDO TRADING**

Al utilizar este método se corre un gran riesgo de pérdida de dinero si antes no conocemos realmente como funciona. Este ejercicio requiere de cierto tiempo frente al computador, pues operar en largos o cortos demanda análisis, disciplina y dedicación.

Hay que estudiar y conocer las herramientas a usar, entrenarnos previamente y tener en cuenta términos o definiciones propias utilizadas por el sitio en el que vamos a operar.

Hacer trading de criptoactivos puede ser una experiencia enriquecedora, pero también traumática sino se cuenta con la suficiente disciplina y tranquilidad al momento de maniobrar. Recuerda que este ejercicio se lleva a cabo en tiempo real, y así como puedes obtener muchos dólares en minutos, puedes perderlos en el mismo tiempo.

La volatilidad del Bitcoin o las Altcoins no es relevante al usar este método, pues podemos operar si bajan de precio o si suben. Lo más importante es saber interpretar las señales y retirarnos en el momento exacto. Aquí es donde entra en juego la capacidad para razonar, para reponernos a una pérdida y para saber controlar los sentimientos.

En el trading muchas personas ganan a diario, cientos o miles de dólares, pero también pierden sus inversiones por no saber retirarse a tiempo, por sopesar la codicia a la mesura y por no cerrar posiciones correctamente.

Este punto es clave en el momento de invertir, pues algunos han perdido hasta su posición dentro de la plataforma por querer recuperar lo que ya no puede ser.

A la fecha puedes realizar trading dentro de las mismas Exchanges, algunas de ellas admiten posiciones de inversión muy bajas, desde los 25 dólares o menos, sin embargo, también tienen sus pequeñas trampas, como poner a disposición del usuario los apalancamientos. Esto significa que puedes "tomar en préstamo" cierta cantidad con el ánimo de devolverla. Pero ten cuidado, aunque esta es una herramienta de inversión, recuerda que ese dinero no es tuyo, y si lo pierdes habrás de reponerlo de alguna forma.

Es mejor utilizar dinero propio e invertir de a poco, si ganas es ganancia tuya, si lo pierdes, nadie más que tú responderás por eso.

En la red existen muchas personas que enseñan a realizar operaciones de esta magnitud, algunos son de fiar, otros no. Aunque acogerse a este método resulta benéfico de alguna manera, pues viendo se puede aprender y se familiariza con los términos y la interpretación de señales, tan útiles para ejecutar el trading. Si tienes la oportunidad, ingresa como aprendiz en una de estas direcciones y practica sin exponer dinero real.

Un punto importante es dejarse guiar por los conocimientos y raciocinios propios; hoy en día hasta los más experimentado malinterpretan las señales y también corren el riesgo de pérdida, por lo tanto, no tengamos miedo a creer en la intuición y llevarla a la práctica.

¿ES BUEN MOMENTO PARA COMPRAR BITCOIN?

Definitivamente sí. Muchos creen que el mejor momento ya pasó y fue hace 10 o 5 años, incluso que lo fue durante todo el 2020, pero esto es relativo. Porque existen razones de peso que no permitieron comprar en años anteriores. Por ejemplo:

- No existía información confiable y pública sobre las criptomonedas.
- Los bancos y otras entidades no permitían hacer transacciones para realizar la operación comercial.
- Muy pocas personas creían en él.
- Regiones completas como Latinoamérica no tenían acceso a la red.
- Muy pocos contaban con la tecnología de internet, pues su costo era elevado.
- Algunos desconocíamos por completo los términos Criptomonedas, Blockchain y Bitcoin.
- El miedo nos paralizó.
- No existía forma de intercambio.

Estas y otras razones se convirtieron en impedimentos para dar ese paso, para adquirir criptomonedas, pero hoy han cambiado las circunstancias y sabemos que Bitcoin es dinero contante y sonante, con respaldo y credibilidad de millones y millones de usuarios, de grandes empresas como Tesla, Visa, PayPal, etc.

Por lo tanto, negarse a las criptodivisas es como aceptar que el internet, los ordenadores, los teléfonos inteligentes o robots tampoco existen.

El tiempo pasa, y lo que ayer vimos como una postura inteligente, hoy resulta absurda. Para los que vieron hace 10 años a la criptomoneda con escepticismo hoy día se han convertido en sus acérrimos defensores, entonces; no hay por qué temer a realizar una inversión en este mercado.

Desde mi punto de vista, la temeridad sería no hacerlo, el Bitcoin y en general las criptomonedas representan una forma de ganar dinero y podemos intentar.

Las criptodivisas han venido para quedarse, son una realidad, y después de este tiempo ya no hay lugar a dudas.

Este año 2021, y los siguientes, también se convierten en excelentes oportunidades para comprar. Al día de ayer 1 BT equivalía a más de 60.000 dólares, pero en tres o cuatro años ese valor se puede quintuplicar, entonces, quizás en esa fecha también estemos arrepentidas de no haber comenzado cuando existió la posibilidad.

¿POR QUÉ BITCOIN? ¿QUÉ HACE ATRACTIVA A ESTA CRIPTOMONEDA?

Lo más seguro es que te hayas planteado estas preguntas una y otra vez, y aunque tengas fe en las posibilidades de la moneda, lo más innegable es que no terminas de convencerte. También están los detractores de las criptos sembrándote esa vocecita que te indica lo mal que les parece esta herramienta financiera. En definitiva, a pesar de que has avanzado un buen trecho, lo más seguro es que continuarás dudando.

Pero si persiste en la búsqueda de una solución para tu crisis financiera, o quieres apostar por las criptomonedas, para continuar avanzando en tus conocimientos, déjame decirte que Bitcoin es el único medio de valor independiente, que no puede ser manipulado ni dirigido por terceros; así es como si compras 1000 dólares en esta criptomoneda, ella no va a retroceder en su valor, porque no está sujeta a la inflación del mercado bursátil, y en pocos meses ya no tendrás el equivalente a esos mil sino que su valor real estará multiplicado por una cifra mayor. La cadena de nodos en que está soportado el Bitcoin (Blockchain) está vigilada por muchas personas alrededor del mundo, por lo tanto, no depende de unos pocos que la puedan manipular como sucede con el valor del oro, la plata o los bonos fiduciarios. No solo los mineros de la criptomoneda se preocupan por mantenerla a salvo, también están las Exchanges, los traders y en general todos los usuarios.

Además, no es que Bitcoin solo sea una buena forma de inversión para conseguir libertad económica o financiera, sino que talvez pueda ser la única. El dinero Fiat pierde su valor real a diario manipulado por los gobernantes de turno y las leyes desiguales inventadas en los países, hacen que sea un riesgo muy grande mantener plata en los bancos. También está el tema de las pensiones, pues ya no es argumento seguro para nadie, lo mismo sucede con las acciones que se compran a diferentes empresas; de un momento a otro pueden dar vuelta a la tortilla y poner a perder al usuario.

Por lo tanto, invertir en criptos, especialmente en Bitcoin, es una de las mejores oportunidades financieras que tenemos en el momento. La siguiente pregunta es para ser contestada por las lectoras que tienen ahorros en bancos, futuros de pensión o inversiones en bonos.

¿Crees que ese dinero es realmente tuyo?

Si la respuesta es positiva, déjame decirte que estás en un problema. Aunque pienses que por tenerlo en estas entidades está a buen resguardo, pues no es así. de ninguna manera ahí no está muy protegido, pues tu dinero está en manos ajenas y si algo sucede lo más seguro es que no te respondan a ti.

Por ejemplo, con la reciente situación vivida por el mundo, algunos bancos han tomado la decisión de no permitir retiros de más de 5000 dólares diarios, en otros apenas dan el equivalente a 700 dólares por transacción en cajero automático. En realidad, aunque ese dinero es tuyo, de ninguna manera puedes disponer de él con absoluta libertad.

Por otro lado, en muchos países del mundo se reflejó la caída de las bolsas de valores ¿sabes quién perdió? La respuesta es obvia, los usuarios del sistema que tienen sus ahorros, por ejemplo de pensiones, pues estas empresas cotizan en bolsa y las pérdidas no las asumen ellos, son cargadas a todos los que tienen su dinero "guardado" ahí.

Recuerdas otras crisis mundiales en años anteriores, como la del 2008, miles de empresas se declararon en quiebra, y no solo perdieron ellas, pues los clientes que tenían acciones allí perdieron su dinero. También es cierto que en algunos sitios estas entidades están cubiertas por otras a forma de seguro o por el mismo gobierno, pero en realidad no le van a reintegrar la totalidad de lo que el cliente tenía invertido o ahorrado, además, eso puede ser un proceso tedioso y llevar varios años.

En estas situaciones, donde toda la economía es inestable, lo más lógico es pensar que no hay nada seguro. Sin embargo, se ha visto que Bitcoin y las Altcoins tienen autonomía para no depender de estos factores, y al contrario de todas las premisas, recuperan valor con facilidad; esto es precisamente lo que vimos en plena pandemia: un Bitcoin ha llegado a valer más de 30.000 dólares con respecto a su precio del anterior año.

Por otro lado, tampoco es que en el mundo se necesite de alguna crisis para que las personas pierdan su dinero; tan solo hace falta la genialidad de unos pocos y los fondos desaparecen de un día para otro. En Colombia, por ejemplo, el caso Interbolsa dejó a miles de inversores en la calle, gracias a que los ejecutivos que lideraban esta empresa de corretaje de valores decidieron trampear a los usuarios y mover los fondos a sus cuentas privadas. En pocas palabras; los robaron.

Seis años después, estos clientes no ven la forma de recuperar su dinero. Aunque la justicia y la intervención del estado ha sido favorable, en realidad los clientes no poseen mayores esperanzas de volver a contar con lo que un día fue de ellos.

Así es que no hay tampoco gran seguridad en guardar el dinero de este modo, ni siquiera en casa o bajo el colchón porque el problema de seguridad en los países es tan grande, que estamos continuamente expuestos a los robos.

Y, aunque encontráramos el mejor lugar para guardarlo, lo cierto es que la inflación y devaluación de las monedas hace que ese mismo dinero pierda su valor en cualquier momento. Para no ir tan lejos, veamos el caso de Venezuela: el problema con el gobierno de ese país ha hecho que sea tan crítica la situación que la moneda Fiat perdió totalmente el valor, llevando a que se tenga que pagar miles de pesos (Bolívares) por adquirir un pequeño bien común como puede ser una libra de arroz.

Por lo tanto, no podemos afirmar con exactitud que somos dueños del dinero que creemos poseer. Al contrario, dependemos de la voluntad de otros, de las leyes del gobierno y el comportamiento del mismísimo universo.

En cuanto al Bitcoin, podemos decir que tenemos algunos puntos a nuestro favor. En todo momento podemos saber exactamente cuál es su valor real, dónde están las criptomonedas (si es que las guardamos fuera de los Exchanges) y disponer de su totalidad cuando queramos. A nivel práctico, esto significa que nadie puede manipular tus Bitcoins y que en realidad son tuyos.

La conclusión general es que Bitcoin es de todos y de nadie al mismo tiempo. De todos porque cualquier persona puede ingresar en el ecosistema y cumpliendo las condiciones volverse dueño de la participación. De nadie porque no existe la menor posibilidad de que alguno se apodere de la fundamentación y cambie el procedimiento. Esto está respaldado por la cadena de bloques y quiere decir que cada vez que se realiza alguna transacción en Bitcoins, se activan todos los nodos del sistema criptográfico para verificar si en realidad puede ser posible o no dicha transacción; por lo tanto no puede ser manipulado. O sea que está vigilado por todos los usuarios de la criptomoneda.

Un punto muy importante que hace atractiva esta cripto es el hecho de que no es finita o abundante; más bien escasea. Al no existir sino 21.000.000 (veintiún millones) se hace exclusivo y de ahí que aumente exponencialmente su valor.

Por esta competencia que existe para poseerlo es que se hace caro. Esta postura lo hace un tanto similar a un producto de cosecha, por ejemplo: las peritas de San Juan. Estas abundan en el mes de junio y son baratas, se encuentran en cada esquina, sin embargo, si deseas comer una a mediados de enero, tendrás que pagar mucho dinero por ella y hasta tienes el riesgo de no encontrarla.

Lo mismo sucede con Bitcoin, su precio está subiendo exponencialmente, se ha disparado porque ya no hay tanta disponibilidad. De los veintiún millones posibles, más del 90% se encuentra en poder de las personas. Esto se ciñe a las leyes económicas de la oferta y la demanda.

Hace más de 10 años abundaba y su precio fluctuaba alrededor de 1 dólar, a la fecha escasea y muchas personas quieren poseerlo, por eso se dispara su precio.

Esta misma teoría básica sirve para darnos cuenta de que en los siguientes meses su valor aumentará, pues cada día se minan cerca de 900 Bitcoins, pero es muy poco para la cantidad de quienes desean adoptarlo.

Hemos dicho que a la fecha un Bitcoin tiene el precio de más de 60 mil dólares americanos, y aunque sube y baja en cuestión de minutos, por el mismo factor de escases estará siempre al alza. En realidad, no están circulando todos los Bitcoins que se cree, pues son muchos los que ya no se moverán por varias razones de peso. Por ejemplo, algunos compraron la criptomoneda y perdieron sus llaves; es decir las claves de acceso a la cuenta. Como esto no es posible recuperarlo, lo más seguro es que esos bitcoins ya no estén disponible para el ejercicio mercantil. Esto también va contribuyendo en la subida de precio.

De aquí que es tan importante conservar en un lugar seguro las claves de acceso; tu eres la única protectora de tu dinero virtual, si pierdes las llaves de ingreso a la cuenta, esos Bitcoins se convierte en algo inaccesible y disipan el poder de circular. Lógicamente, también habrás perdido tu dinero.

Desde el comienzo el creador de Bitcoin quiso que fueran únicamente los usuarios, los dueños de la criptomoneda, quienes velaran por todo el ecosistema, las transacciones y lo equivalente al normal funcionamiento. Por ello, son los mismos usuarios que con las transacciones mantienen el sistema cripto, fijan el precio de sus Bitcoins y deciden cómo y cuándo proceder con ellos; todo esto basándose en la confianza e igualdad, pues no se necesita de un intermediario, o tercero, para realizar la operación.

Con estos y otros puntos a favor de la principal criptomoneda es útil revisar que como clientes salimos beneficiados, pues al pagar, transferir, comprar o mover Bitcoins se eliminan los gastos extras a que somos sometidos si dicha transacción la realizamos usando una entidad centralizada, por ejemplo, un banco.

Si aún no estás convencida de los beneficios del Bitcoin, déjame darte una última opinión de porqué sí deberías invertir en esta criptomoneda.

Un solo Bitcoin, entiéndase bien, un solo Bitcoin puede convertirte en millonaria en menos de diez o doce años.

Pero ¿por qué? La respuesta es basada en lo mismo que hemos venido diciendo desde el primer capítulo. El Bitcoin es un elemento de valor con demanda creciente exponencialmente y una oferta limitada. Ello hace que cada día sea más caro porque escasea. Además, el hecho de que empresas de talla mundial lo estén adoptando hace que sea considerado un activo de reserva de valor. ¿Qué significa esto? Que en lugar de perder capacidad, lo que hace es tener más fuerza a medida que pasa el tiempo y pronto superará el millón de dólares.

Por lo tanto, si en verdad quieres una transformación positiva, económicamente hablando, utiliza el ahorro de Bitcoins a largo plazo: **¡hold, hold!**

¿BITCOIN Y CRIPTOMONEDAS FUNCIONAN EN TODO EL MUNDO?

En el momento las criptomonedas tienen acceso universal. Aunque las leyes en los países han retrasado su uso, lo cierto es que muchos negocios han realizado su adopción y comercian con ellas. Los mismos gobiernos han ingresado de manera sutil al universo de las criptomonedas y empiezan a dar forma para que el mercado se mueva.

Parece ser que la acogida a nivel mundial es tan grande que no quedará otra alternativa que soportar el nuevo mercado.

Como poseedoras de Bitcoin, podemos dar la vuelta al mundo sin tener que preocuparnos por cambiar de divisas o hacer trámites burocráticos en los aeropuertos para movilizar un pequeño porcentaje permitido. En realidad, esto es de lo mejor que nos proporciona el Bitcoin, pues cada vez que necesitemos cualquier cantidad, allí estará disponible.

Esto le da un valor a la criptomoneda más interesante que el económico. Pues tener la característica de ser aceptada en un sinfín de comercios la hace única e impactante.

Por un momento pensemos en las mujeres de Venezuela. Quizás muchas de ellas trabajaron y ahorraron durante toda su vida. Lo más probable es que hayan atesorado en su moneda Fiat que para entonces era el Bolívar. Pero llegó la crisis del país y tuvieron que migrar o cambiar ese dinero a otro que está más valorizado, como el dólar o el peso colombiano. ¿Sabes cuánto perdieron ellas? Y, no solo pasa con la moneda del país Sudamericano, ten presente que todas las monedas se devalúan y si requerimos cambiar divisas, en algún momento dado, y la nuestra se ha devaluado ¿qué pasa? Sencillamente, perdemos dinero.

A esta altura del libro, lo más seguro es que te ronde en la cabeza una o varias preguntas. Por ejemplo, te puedes estar cuestionando:

¿Y, si el gobierno saca una ley y prohíbe totalmente el Bitcoin, qué hago?

Pues la prohibición de las criptomonedas siempre ha estado. Pero no por eso se ha dejado de usar, lo prohibido es llamativo y no faltan las personas que quieran ensayar. En realidad, esto es una utopía, pues se ha visto que lo más posible es una aceptación global. A la fecha, son mayoría los sitios de comercio, grande, mediano y pequeño, que están acogiendo el Bitcoin. Al ser fungible, tanto o más que otras monedas, se puede trabajar con él de una parte a la otra y sin barreras. Si echas un vistazo a tu barrio, localidad, pueblo o ciudad verás que hasta las pizzerías aceptan pagos en Bitcoin. Y, qué decir de las grandes empresas como Tesla; los directivos decidieron recibir el Bitcoin como pago por sus carros.

Otra facilidad de Bitcoin, en general de todas las criptomonedas, es que es transportable. No necesitas llevar un maletín lleno de billetes para tener a tu lado el equivalente a tu dinero Fiat. Tan solo con un teléfono celular llevas tu capital y lo tienes a total disposición. No necesitas de horarios ni cantidades puntuales para comercializar con él; en mí país apenas son permitidas dos transacciones diarias por cajero automático de la misma cuenta. Con Bitcoin es diferente, puedes realizar el monto que tengas disponible cuando se te antoje.

LONGEVIDAD DEL BITCOIN

Muchas personas llevan pronosticando el final de Bitcoin desde que nació. En el año 2010 ya decían que era un experimento inestable, una burbuja económica que estallaría en cualquier momento y una pirámide de ilusos que serían estafados a corto plazo. Esto ha seguido pasando; muchos le auguran un desastroso final cada segundo que transcurre, de manera especial, cuando el Bitcoin viene abajo en el precio.

Cada vez que llega un ciclo bajista dicen que hasta ahí fue, que es la muerte de la criptomoneda y desenlace infeliz para los inversores. Sin embargo, continúa más vivo que nunca, y ellos, todos estos años han tenido que retractarse de sus apreciaciones, rectificar la opinión y halarse de los pelos cada vez que Bitcoin se recupera y demuestra su verdadero potencial en el ciclo alcista.

En consecuencia, basándonos en la estadística de la criptomoneda, parece que cumple con la regla básica del efecto Lindy, en referencia a las cosas no perecederas.

Tal postulado asegura que cuanto más tiempo lleva algo existiendo, hay mayor probabilidad de que acabe siendo algo longevo. Sumado a esto está la nostalgia, pues muchas personas comienzan a recordar y añorar ya los pocos años que han pasado desde el 2011. Imagínate el efecto nostálgico que causará en otros 10 años, y de manera especial, en los que han conseguido obtener ganancias a expensas del Bitcoin. La criptomoneda es muy joven y aun así causa estos sentimientos, por lo tanto, esto hace que muchas personas le auguren un futuro próspero.

Aunque para que el Bitcoin llegue a su estado de madurez falta mucho tiempo, este ha demostrado que es capaz de sobrevivir y mantenerse, de tomar nuevos aires y avanzar contra todo mal pronóstico. Y, la gente ya lo conoce, lo más importante es que han tomado su adopción en serio, debido a su funcionamiento, lo cual lleva a que la criptomoneda crezca y aumente su potencial progresivamente.

Sumado a esto está la tecnología Blockchain que lo soporta, históricamente ha tenido varios ataques de los hackers y otros problemas que se han ido resolviendo. Los programadores están al tanto y generan las soluciones dando más beneficio; allí donde aparece un problema, surge inmediatamente la solución. Es por esto qué, el Bitcoin y las criptomonedas están lejos de ser una bomba de tiempo, son una realidad y han llegado para quedarse.

EFECTO HALVING DE BITCOIN

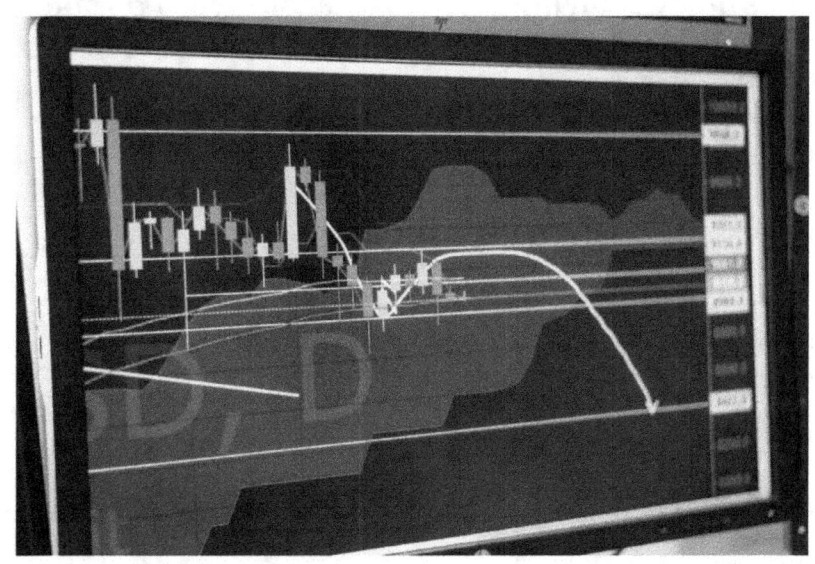

Cuando se ingresa en el ecosistema criptográfico nos atrapan varios términos utilizados para referirse a ciertos comportamientos de las criptomonedas; uno de ellos es el famoso Halving. En principio, este término se asocia más con los mineros de la criptomoneda, o sea los que mantienen, cuidan el sistema y ponen en circulación los nuevos Bitcoins. En realidad el Halving afecta a toda la comunidad cripto, especialmente, a los inversores.

Un Halving de Bitcoin ocurre cada cuatro años; y consiste en reducir a la mitad la emisión de nuevas monedas y la recompensa por bloque minado. Es decir:

Año de Halving	Recompensa por bloque
2009	50 BT
2012	25
2016	12,5
2021	6,25

Según el patrón de los Halvings, el próximo llegará en el año 2024 y dejará una recompensa para los mineros de 3,125 Bitcoins por bloque minado.

Los Halvings se producen con el único objetivo de controlar el flujo de nuevas criptomonedas que llegan al mercado. Por eso se dice que Bitcoin es deflacionario, además de que su número es finito: exactamente pueden existir, tan solo, 21 millones de monedas.

En otras palabras, es una forma de controlar el ritmo de su creación y premiar a los que las minan. Sin embargo, el hecho de reducir cada cuatro años ese número, significa que debe haber un reajuste al precio del Bitcoin, pues sino los mineros terminarían abandonando su trabajo. Además, la oferta y la demanda juegan aquí un papel importantísimo. Pues al existir menos monedas para comprar, y mayor solicitud por ellas, inmediatamente estos factores disparen el precio.

Esto no se ve el mismo día en que ocurre el Halving del Bitcoin, pero si sucede tan solo unos meses después de pasar el hecho.

De ahí que las personas que han comprado Bitcoin en meses anteriores al suceso de los Halvings, han podido recoger ganancias en poco tiempo.

Así que este puede ser un excelente punto para reconsiderar, y ver si quieres invertir en la criptomoneda desde ya, o prefieres esperar a que se acerque el nuevo Halving (2024). La verdad es que a ciencia cierta no sabemos en qué precio esté para ese entonces, y lo que podría parecer un punto a favor del inversor, termine siendo un pequeño dolor de cabeza.

RIESGOS DE COMERCIAR CON BITCOIN Y CRIPTOMONEDAS

Podemos decir que como en cualquier negocio el riesgo de inversión es muy amplio. Pero por tratarse del Bitcoin vamos a calificarlo de riesgo especial. Esto por motivos puntuales como los siguientes:

- **Volatilidad de grado superior;** es decir: cambia de precio en cuestión de minutos y por razones externas. Esto hace que si se negocia para realizar Arbitrage o Trading se pueda ver afectado el portafolio de inversión. Más no lo es para quienes hacen Hold, pues la volatilidad no es problema para el ahorrador.

- **Riesgo de red:** aunque sus fundamentos tecnológicos están soportados en el Blockchain no es exento de los ataques cibernéticos y aquellas personas que guardan sus fondos en monederos virtuales, Exchanges y software susceptibles tienen alto grado de vulnerabilidad.

- **Especulación falsa:** a pesar de que ya se ha demostrado que la criptomoneda soporta las caídas de precio y se repone en pocos días, los detractores continúan siendo una "piedra en el zapato para los inversionistas". Pues cualquier ciclo bajista lo toman para indicar que hasta ese momento llegó el Bitcoin, y esto infunde temor en los inversores llevándolos a cometer errores y perder sus fondos. Es decir, la falsa especulación de los mercados es una de las características externas que influyen en el ecosistema criptográfico, pero que resulta afectar de manera directa a los inversionistas.

- **La persecución de las entidades gubernamentales:** este riesgo no es nuevo, pues desde los inicios del Bitcoin se ha visto afectado por las leyes e imposiciones de los organismos estatales. Ahora mismo en Estados Unidos han creado la ley de impuestos para quienes comercien con las criptomonedas, en especial, quienes las posean por igual o más de un año. Esto hace que los inversores sientan temor, por un lado, corresponde desembolsar miles de dólares en pago de impuestos, por el otro, no se puede hacer caso omiso porque se incurre en evasión de impuestos.

- **Descuido del inversor:** aunque no es un riesgo intrínseco de la criptodivisa influye de manera directa en el dueño de los fondos. Pues si en algún momento olvida las llaves de su cuenta lo más seguro es que incurra en pérdidas. Aquí también podemos clasificar otros acontecimientos de total relevancia como es la falta de educación sobre el tema criptográfico, el exceso de confianza y la psicología de los inversionistas.

- **Factores impredecibles como los cleptómanos:** hay que tener presente que las criptomonedas aparte de atractivas también son dinero al portador. Si alguna persona diferente a nosotros conoce las llaves de ingreso a nuestra cuenta puede entrar en ella y sustraer nuestros fondos. Por otro lado, están quienes de oficio se dedican a atrapar incautos y con miles de promesas hacer que les "regalemos nuestras inversiones". Evite las estafas por medio de páginas o personas fraudulentas, esas que prometen tanto son bastante sospechosas, dude de ellas y no caiga en la trampa.

La seguridad en el tema de criptomonedas comienza desde el momento de creación de las cuentas en los Exchanges y desde luego, en la apertura de los monederos. Evite que su equipo sea rastreado e infectado con programas malicioso. Siempre se debe realizar cualquier transición desde sitios o páginas oficiales.

Cuando realice aperturas de alguna cuenta de registro asegúrese de usar los enlaces correctos, de lo contrario estará entregando sus datos personales a un desconocido que seguramente los utilizará para asuntos de fraude.

Estimada lectora: recuerda que tú eres la única persona responsable de tus inversiones. Eres tú mismo banco y por lo tanto, cualquier cosa que hagas para salvaguardar esos fondos estará perfecta. No lo dejes al destino.

TRADING PARA PRINCIPIANTES

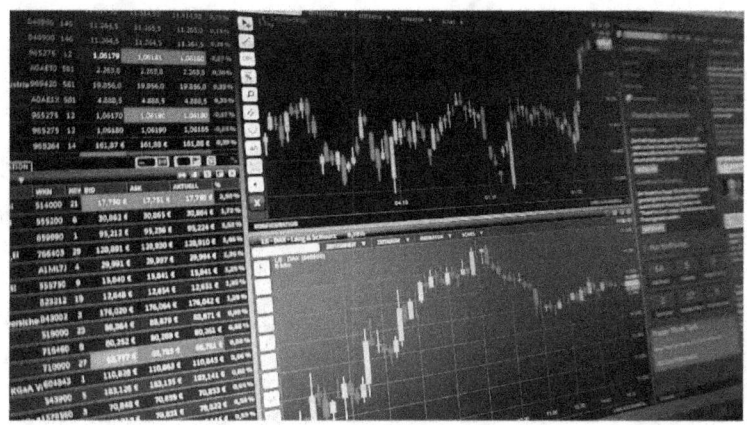

En el mercado de valores obtener ganancias realizando trading puede ser una de las experiencias más lucrativas. Aunque, también puede convertirse en algo traumático si no se desarrolla el sentido de la disciplina y la responsabilidad.

Para realizar operaciones en trading se debe conocer, por lo menos lo elemental, sobre el manejo de herramientas básicas de tecnología y tomar decisiones seguras. Lo que sigue es registrarse dentro de la plataforma elegida y empezar a operar.

Si se utilizan Exchanges como Binance o Coinbase dentro de ellas misma está la opción de realizar el trading. Para esto basta con abrir una posición con el mínimo permitido en dólares o sus equivalentes en dinero Fiat del país correspondiente y comenzar el ejercicio. Recordemos que casas de cambio como Binance tienen más de 200 criptomonedas con las que se puede maniobrar.

El trading de Bitcoin consiste en operar sobre los precios de la criptomoneda. Lógicamente para realizar tal ejercicio se deben tener fondos en la cuenta de intercambio. Los interesados pueden optar por el precio alcista o bajista, con el objetivo de sacar el máximo partido de la volatilidad del Bitcoin.

Antes de comenzar la operación deberás informarte del comportamiento de la criptodivisa y tener presente el siguiente conocimiento:

- **Abrir una posición en largo**: esto significa que el inversor tiene seguridad en que el precio va a subir y entonces gana dinero si ello ocurre;

de lo contrario, si baja el precio, pierde su dinero.

- **Abrir una posición en corto**: aquí el inversor cree que el valor de la criptomoneda va a caer, de forma que si esto pasa ganará dinero, pero lo perderá si sube.

Realmente lo que se hace en trading para ganar dinero es lo siguiente:

El inversor compra una posición de Bitcoin, por ejemplo en corto, en 100 dólares, cuando la criptomoneda está valiendo 55.000 (cree que el precio va a caer en x tiempo real), y lógicamente esto sucede en los siguientes x minutos, o sea que cae hasta un precio de 49.000 dólares.

Aquí ha obtenido dividendos porque el precio bajó, pero debe de estar pendiente en el tiempo bajista porque la volatilidad de la criptomoneda es alta y en cualquier momento cambia de tendencia. Si el inversor no cierra su posición a tiempo (vende) y ocurre que la criptomoneda gira, y comienza una tendencia alcista, el inversionista empieza a perder el dinero que ya ganó, de hecho, sino se retira y ocurre que el precio supera el valor en que estaba cuando abrió la posición (osea a los 55.000 dólares), pierde; no solo la ganancia obtenida sino los 100 dólares que invirtió.

Por lo tanto, uno de los conceptos más relevantes, y que jamás puede olvidar el trading principiante, es colocar un stop loss (orden de detenerse).

- **Stop Loss**: son órdenes de corte de pérdida. Pueden ser de compra o de venta, condicionadas a que se alcance un precio determinado. Esta orden requiere un costo de acción y un número de acciones explícitas.

Esto significa qué: si colocas una posición en corto cuando el precio del Bitcoin esté en 55.000 dólares y te ajustas con un stop loss a los 54.000; cuando el precio de la cripto llegue ahí, inmediatamente se disparará el límite, cerrando la posición. Entonces recogerás las ganancias, pero si no colocas el stop loss y el precio baja a los 54 mil, y de inmediato cambia de tendencia y comienza a subir, tu no alcanzas a cerrar la posición, lo más lógico es que pierdas lo que habías ganado. Y, si por mala suerte sube, sube y sube el precio y ya no vale 55 mil sino un poco más, pues pierdes la inversión inicial, dejándote en cero. O sea, es borrada tu posición y si quieres volver a realizar el trading tendrás que comprar más criptomoneda para ejecutar otra orden.

Como puedes ver, colocar un Stop Loss al abrir una posición de trading te permite estar tranquila, pues así no tendrás que vivir tan pendiente de monitorear el mercado, aunque debes hacerlo, pues en ocasiones colocamos los límites en tiempos muy largos y puede que en minutos cambie la tendencia. Si esto sucede y te das cuenta, de inmediato cierra tu posición para asegurar un beneficio o limitar las pérdidas.

Como hemos dicho anteriormente, dentro de los Exchanges puedes operar en trading, no solo con Bitcoin, también con diferentes Altcoins, por ejemplo: con Ethereum. Podrás explorar la plataforma ya que el mercado es bastante amplio y algunas de las criptos ofrecen excelentes dividendos por operación.

Por esta razón querrás crearte un portafolio o cartera con diferentes criptomonedas. Siempre teniendo en cuenta que deberás priorizar la de mayor valor, en este momento el Bitcoin, y algunas de las que estén dando mejores rentas en la actualidad.

Un buen portafolio cripto estará conformado de la siguiente manera:

- Bitcoin 70%
- Ethereum 10%
- Ripple 5%
- Cardano 5%
- Tether 5%
- Neo 5%

Siempre, ten presente que hasta el momento las Altcoins han fijado su valor con relación al Bitcoin, esto no quiere decir que si él sube, ellas suben o que si Bitcoin baja, ellas también bajan. Aunque parece que es así, en realidad hay muchas que tienen comportamientos contrarios a la principal criptomoneda y es de esa especulación donde podemos sacar excelentes dividendos. El mercado de valor mismo es quien marca la pauta.

FISCALIDAD E IMPUESTOS

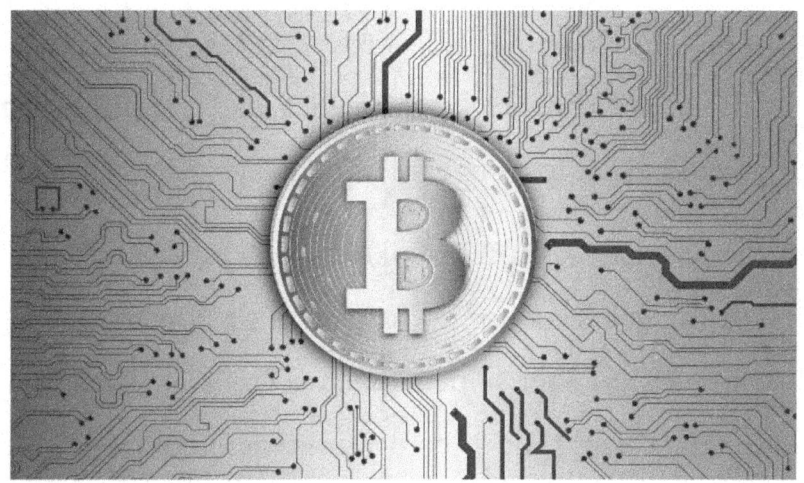

Todos los usuarios de las criptomonedas están sujetos a pagar gravámenes y obligaciones fiscales por su uso, de lo contrario, pueden incurrir en la evasión de impuestos, y esta acción en muchos estados es castigada.

Aún no existe una ley concreta y generalizada sobre las obligaciones fiscales de Bitcoin y las Altcoins, sin embargo, queda bajo la responsabilidad de los usuarios del sistema criptográfico ajustarse de la mejor forma y pagar a su estado según la legislación vigente.

En algunos países habrá que responder sobre el impuesto de patrimonio, porque si sobrepasa los límites al año fiscal, lo más seguro es que tenga que anotar de dónde aumentó la cifra. En otros estados, tan solo deberá declararse ganancias ocasionales y se contabilizarán con o sin impuestos, dependiendo la ley.

Si la casa de cambio o Exchange está localizada en el extranjero, estás en la obligación de conocer los ajustes fiscales y revisar si incluida en la casilla de patrimonio en el extranjero o de lo contrario, está excepto.

En el caso de algunos bancos locales, dependiendo del país donde se realice la operación de conversión a dinero Fiat, estos pueden tener autonomía o no de crear una paralela entre los dividendos recibidos desde el extranjero y reportarlos a impuestos.

Desde el año 2020, con el auge de las criptomonedas y en especial con la subida del precio del Bitcoin, la mayoría de los países han optado por mejorar las leyes o ajustarlas a las nuevas características para que el criptoinversor pague la tasa impositiva.

Por ejemplo en Colombia, el séptimo estado en comerciar con criptodivisas a nivel mundial se ha ceñido a los cambios y ha propuesto un reto con entidades gubernamentales, inversores y empresas bancarias para estudiar y verificar el modelo económico criptográfico y en un año ajustarlo o no al contexto legislativo.

Ello es todo un reto para el sistema, ya que supone, que como en muchos países, el comercio entre criptomonedas no es legal, pero tampoco las transacciones son alegales. El ente regulador de este país, El Banco De La República y la Superintendencia Financiera recurren a la ley para dejar clara la posición de que el peso colombiano es la única moneda aceptada en el territorio, que el Bitcoin no es una divisa, pero a su vez deja en claro que puede funcionar como forma de intercambio de bienes y servicios.

Este tipo de tratamiento regulatorio, legítimo y apropiado no deja una respuesta única para las dos opciones. Por un lado se considera ilegal, pero por el otro, se permite pagar bienes y servicios.

Estos casos de suspicacia se definen, por ese estilo, en muchos de los países; aunque no las formalizan y clasifican como actividad comercial, si obliga al poseedor de tales activos a declararlas y gravarlas como impuestos de renta, valor agregado, patrimonio individual o incluso a la casilla otros bienes intangibles.

En sí, los gobiernos del mundo aún están indecisos en la adopción fiscal del Bitcoin y las Altcoins, sin embargo, no quieren permitirse perder la tajada de la torta en impuestos y de algún modo crean y modifican leyes para asegurar su parte.

Por lo tanto, depende de la fiscalidad y la regulación de leyes que existe en las diferentes comunidades del mundo, se asume claramente o no el pago y declaración de los dividendos obtenidos por el comercio de las criptomonedas. Teniendo en cuenta que mientras no las conviertas en dinero Fiat, estas no tienen valor mercantil, así es que no pueden ser consideradas de valor real.

Es decir: si escoges invertir en Bitcoin y durante el año gravable te dedicas a comprar la criptomoneda y mantenerla en Hold, no estás obligada a declarar esos fondos, pues permanecen sin ser convertidos a una moneda Fiat, o fiscalizada. Pero si tu caso es que decides hacer Arbitrage o Trading, negocias, recoges ganancias y las conviertes a dinero de tú país, debes de ceñirte a las leyes y valores exigidos para saber si pasas el límite y estás sujeta a declarar durante el año fiscal.

PSICOLOGÍA DE LAS INVERSIONISTAS EN CRIPTOMONEDAS

El mayor número del porcentaje de las personas que se introducen en el mundo de las criptomonedas lo hacen con el único fin de obtener ganancias. Ya hemos visto que esto se puede realizar de diferentes maneras dependiendo de otros factores como:

- Los conocimientos
- El temple
- La habilidad para los negocios

- La proyección de análisis técnicos
- Los análisis fundamentales
- La volatilidad de la cripto
- La capacidad de mercado
- El momento actual.

Pero también hay otras características iguales o mayores en importancia a las anteriores y tan buenas que pueden convertir a una persona en buen o mal inversor.

Una de ellas es la **psicología comercial.** Esto es, querida lectora, donde cualquier persona encargada de vender un producto, habla bondades exuberantes de dicho fruto con el objetivo de hacerlo más atractivo y venderlo. Esto sucede en todos los niveles; y se hace ver ese producto maravillosos porque el fin es vender, vender, vender haciendo y diciendo lo que sea necesario.

En el ecosistema de las criptomonedas pasa lo mismo. Al ingresar en este mundillo vamos a encontrar que "todo el mundo" habla en términos de FUD Y FOMO. Y, por medio de la utilización consecutiva de estas palabras entorpecen directamente las decisiones de quienes invierten.

- **FUD** es una sigla derivada de palabras inglesas y cuyo significado en español es miedo, incerteza y duda; es la propagación de la desconfianza y la desinformación para obtener una ventaja y hacer que los demás vendan temiendo lo peor.
- **FOMO** en español es "el temor a perderse de algo bueno". Es la emoción que se siente al comprar motivado por la señal, es no querer derrochar la oportunidad de eso tan bueno. Los inversores compran las criptomonedas movidos por el FOMO, pues creen que no pueden dejar pasar el carro sin subirse.

Ese pánico para vender o la emoción de comprar es inyectado por los mismos usuarios, de manera especial, por los que poseen grandes sumas de criptomonedas, pues a ellos les conviene mover el mercado a su conveniencia.

Lo mismo hacen los interesados en posicionar alguna de las Altcoins. Hablan maravillas o deshonran de algunas para poder que la suya alcance un nivel elevado (suba el precio o baje según conveniencia).

Los movimientos alcistas o bajistas del Bitcoin han sido impulsados por estas dos caracterizaciones: el FOMO Y EL FUD. Y, aunque los inversionistas llevan más de 10 años conociendo tales casos, aún se dejan manipular y venden o compran movidos por el temor o la codicia.

Por eso tenemos que conocer bien este mundo y no entrar en pánico por acontecimientos que poco tienen que ver con la realidad. Antes de tomar cualquier decisión importante, ya sea de venta o de compra, primero debemos comprobar las opiniones o bases donde fundamentamos tales fallos.

Una psicología sana de inversión nos permite ser escépticas y no dejarnos manipular por noticias falsas o declaraciones sensacionalistas; de lo contrario, podría tener consecuencias nefastas y hacernos perder dinero.

Cuando actuamos dejándonos llevar por la realidad y aprendemos a tomar buenas decisiones, nos ajustamos a un comportamiento de inversión consecuente que nos permite:

- Controlar las emociones
- Eliminar falsas creencias
- Tomar la duda como método ganador
- No aceptar todas las opiniones de los demás
- Creer en nosotras
- Desarrollar la intuición
- Dar un alto cuando se requiere
- Separar lo perjudicial de lo beneficioso
- Conocer el momento exacto de actuar.

Como inversionistas debemos entender bien que somos las únicas responsables de lo que hacemos y de la cantidad que exponemos en el negocio. Ganemos o perdamos, aquí no hay culpables; tan solo ha sido la consecuencia de nuestra decisión.

El adecuado uso del autocontrol nos permite seguir al pie de la letra el sistema que hayamos elegido para negociar con nuestros fondos, y así pues, podemos ajustar a nuestra operativa el comportamiento emocional.

Una buena preparación psicológica mental es necesaria para hacer frente a las oportunidades, obstáculos, victorias o fracasos. Estar preparadas mentalmente es vital para cualquier inversión, en especial, para cuando se empieza y mientras se aprende a lidiar con los factores emocionales. Pero también lo es para las inversoras profesionales que deben permanecer psicológicamente fuertes, y no perder la disciplina y perseverancia para poder ser rentables durante todo el tiempo.

Así es que antes de comenzar en el universo criptográfico debemos detener el tren un momento y realizar un análisis a conciencia de cuáles son las emociones que no lo logramos controlar fácilmente. De esta manera conseguiremos que no influyan en las inversiones de manera negativa.

- Temor al fracaso
- Miedo
- Codicia
- Inseguridad
- Expectativas enormes
- Sentimiento de grandeza
- Apatía por lo nuevo
- Falta de paciencia

- Aceptar la pérdida
- Indisciplina.

Cuando la inversora no conoce su verdadera personalidad, de ningún modo puede mejorar en la realización de los actos. Esto puede traerle graves consecuencias como la pérdida de dinero, de interés por los temas y la confianza en sí misma.

Como en cualquier negocio, en las inversiones de criptoactivos también van a resultar una gran cantidad de problemas, y si no estás dispuesta a enfrentarlos, caerás en el sentimiento de enojo, culpa, frustración, decepción y escepticismo. Esto puede volverse frecuente, y si no eres capaz de aceptarlo y recuperarte, deberás estar preparada para la pérdida total o parcial del dinero.

Por ello es importante que la futura inversora de Bitcoin y Altcoins se prepare desde el comienzo, no solo estudie el comportamiento del mercado criptográfico, sino que aprenda a gestionar el buen procedimiento de su mente y sentimientos; así evitará incurrir en errores de la gran mayoría.

CONCLUSIONES GENERALES

Bitcoin para mujeres es un libro que pretende orientar a todas aquellas que desean, buscan o sueñan con tener una oportunidad en los negocios. Y, esta puede darse a través de las criptomonedas, especialmente del Bitcoin. Pues desde la fecha de su nacimiento, en 2009, ha venido generando confianza y valor. Las opiniones de los inversores y expertos le auguran un excelente futuro, no solo a largo plazo sino también a corto tiempo, ya que se presta para trabajar y recoger ganancias rápidamente.

En este periodo de once años, Bitcoin ha demostrado que es un medio para permitir rentas pequeñas, pero también explosivas, que el inversor puede confiar y adoptarlo en su portafolio, vender, comprar e intercambiarlo en muchos comercios alrededor del mundo, pues ya es aceptado sin tantos remilgos.

El funcionamiento de la criptomoneda está basado en la mejor tecnología que se ha descubierto hasta el momento, el Blockchain. Por lo tanto podemos confiar, tener la seguridad que las inversiones nos pertenecen y disponer de los fondos cuando lo decidamos.

El Bitcoin, en el año 2009 no tenía prácticamente valor real ni nominal, era apenas el comienzo de un experimento orientado a un nuevo mercado, pero 11 años después, ese mismo Bitcoin tiene un valor superior a 60 mil dólares americanos. Su precio ha aumentado de forma exponencial y continuará así por mucho tiempo.

En la actualidad, no es fácil adquirir un Bitcoin o medio por su elevado costo, sin embargo, podemos empezar por obtener partes de él (Satoshis) e ir ahorrando o moviéndolos para generar grandes dividendos.

Es evidente que las mujeres tenemos una pequeña participación en el tema del dinero virtual y las criptomonedas, pero eso no quiere decir que nosotras no podamos entrar en este ecosistema; al contrario: somos nosotras quienes mediante la inversión lograremos nivelar los índices de desigualdad y competir en paridad de condiciones con el gremio masculino.

El Bitcoin y las Altcoins están diseñadas para que todos podamos comerciar con ellas y sacar buenos dividendos, pero para hacer esto posible tendremos que prepararnos. No es fácil. Pero tampoco es un objetivo imposible de lograr.

El mejor tiempo para invertir en las criptomonedas es cuando tú lo decidas. Antes debes de estar informada, consiente del paso que darás y muy comprometida. No es bueno que arriesgues el dinero sin conocer de antemano el mercado en que te vas a mover; tampoco dejarte engañar por las opiniones equívocas o expectantes que emiten "los conocedores". Antes de cualquier inversión querrás asegurarte de que es lo mejor para ti, sino estás segura, déjalo a un lado o hasta que tengas un nuevo concepto favorable.

Amiga lectora: esperamos que este libro haya sido de tu agrado. Y, lo más importante, que hayas encontrado valiosa información que pueda ayudarte en tus necesidades. Gracias por leer.

ÍNDICE

- INTRODUCCIÓN 7
- BITCOIN PARA MUJERES 13
- TERMINOLOGÍA NECESARIA 14
- PRINCIPALES ALTCOINS 21
- CÓMO EMPEZAR.. 25
- ¿QUÉ ES EL BITCOIN Y PARA QUÉ SIRVE? 27
- MANERAS DE CONSEGUIR BITCOINS Y ALTCOINS 35
- ABRIR CUENTA DE USUARIO EN UNA EXCHANGE............... 39
- CÓMO OBTENER UNA WALLET O BILLETERA PARA CRIPTOMONEDAS 41
- FORMAS DE GANAR DINERO CON BITCOIN Y LAS ALTCOINS 45
- ¿ES BUEN MOMENTO PARA COMPRAR BITCOIN? 57
- ¿POR QUÉ BITCOIN? ¿QUÉ HACE ATRACTIVA A ESTA CRIPTOMONEDA? 61
- ¿BITCOIN Y CRIPTOMONEDAS FUNCIONAN EN TODO EL MUNDO?... 73
- LONGEVIDAD DEL BITCOIN................................ 77
- EFECTO HALVING DE BITCOIN........................... 81
- RIESGOS DE COMERCIAR CON BITCOIN Y CRIPTOMONEDAS 85
- TRADING PARA PRINCIPIANTES......................... 91
- FISCALIDAD E IMPUESTOS 97

PSICOLOGÍA DE LAS INVERSIONISTAS EN CRIPTOMONEDAS
....*103*
CONCLUSIONES GENERALES *111*

Descargos de responsabilidad

La información contenida en estas páginas es a título general y de carácter exclusivamente informativo. Este libro no debe ser considerado como punto final de un método de inversión, ni como asesoramiento financiero, fiscal o única recomendación para adquirir criptomonedas.

Recuerde siempre que la inversión mal realizada en Bitcoin y cualquiera de las Altcoins llevan a un riesgo enorme de pérdida de dinero. Por lo tanto, el objetivo de esta guía es el de ofrecer un contenido lo más fidedigno y útil posible, desde la experiencia de inversionistas reales. Si bien es una información que ha servido a muchas personas para invertir y recoger grandes dividendos, puede que para otros no lo sea. Y, por consecuencia de algún error u omisión, se termine perdiendo dinero. Entonces, la aplicación de esta información queda exclusivamente bajo la responsabilidad de quien lo realice y deja libre de toda garantía y compromiso a sus autores y editores.

Antes de invertir en criptomonedas, recuerde obtener información profesional y asesoramiento según las leyes que rigen el país donde se realice la inversión.

Anotaciones personales

www.ingramcontent.com/pod-product-compliance
Lightning Source LLC
Chambersburg PA
CBHW071418210526
45465CB00001B/450